TABLEAU
DE COMPARAISON
ENTRE

Les Contributions et les dépenses annuelles de l'Angleterre en 1797, et les Contributions et Dépenses annuelles de la République Française en l'an 6.

AVEC LE DÉVELOPPEMENT

Des causes qui produisent en Angleterre la rentrée des Contributions, l'aisance des Contribuables et celle du Trésor public, et des causes qui produisent en France un résultat absolument contraire.

PAR LE C[EN]. SABATIER.

PRIX, 50 centimes.

A PARIS,

Chez LARAN, libraire au palais Egalité, galerie de bois, n°. 245.

AN VII.

TABLEAU
DE COMPARAISON
ENTRE

Les Contributions et les dépenses annuelles de l'Angleterre en 1797, et les Contributions et Dépenses annuelles de la République Française en l'an 6.

AVEC LE DEVELOPPEMENT

Des causes qui produisent en Angleterre la rentrée des Contributions, l'aisance des Contribuables et celle du Trésor public, et des causes qui produisent en France un résultat absolument contraire.

J'AI publié en dernier lieu mes idées sur l'importance du crédit public et du crédit particulier.

Je voulais faire paraître en même temps que mon ouvrage, un tableau comparatif des contributions et des dépenses de l'Angleterre pour l'année 1797, avec les contributions et les dépenses de la République Française pour l'an 6.

Mais je n'ai pas eu assez tôt connaissance du Budjet de l'Angleterre pour 1797; je viens de me le procurer, et en le rapprochant de celui de la France pour l'an 6, j'en ai composé les tableaux ci-joints.

Je saisis d'abord, dans ce rapprochement, le rapport qui existe entre le montant de notre contribution foncière et mobiliaire, fixée pour l'an 6, à 255 millions, et la partie des contributions d'Angleterre qui, pour 1797, répond à cette nature d'impôt, et monte à la somme de 164,400,000 fr.

Et j'observe que si nous avions réglé la mesure de notre contribution foncière et mobiliaire, relativement à notre population et à l'étendue de notre territoire, dans une proportion correspondante au rapport qui existe entre la somme de 164,400,000 fr., et le sol de l'Angleterre et sa population, nous aurions pu imposer environ 548 millions, au lieu de 255 millions.

Cependant il arrive que plus de la moitié des 255 millions imposés en France, est encore arriérée, tandis que la totalité des 164,400,000 fr. imposés en Angleterre, a été acquittée.

Je fais un autre rapprochement qui n'est pas moins frappant.

Je prends d'un côté la totalité des impositions réellement acquittées en Angleterre pendant une seule année, (l'année 1997, par exemple) montant à 684 millions, et je vois que cette somme de 684 millions, divisée par le nombre d'individus qui composent la population de l'Angleterre, évaluée à 9 millions d'habitans, donne par tête la somme énorme de 76 fr.;

D'un autre côté, je considère que les contributions

de toute nature, exigées en France pour l'an 6, ne s'élèvent qu'à la somme de 433 millions ; ce qui, divisé par le nombre de 30 millions d'individus, ne donne par tête que la somme modique de 14 fr. 50 cent., dont cependant, au moyen des recouvremens encore en souffrance, il n'est pas rentré la moitié.

Après m'être rendu compte de ces résultats différens et en avoir constaté le fait, je me suis demandé de nouveau :

1°. S'il y avait en France moins d'industrie qu'en Angleterre ;

2°. Si le sol de l'Angleterre était plus fertile que celui de la France ;

3°. Si les malheurs publics qui affligent l'Angleterre, ne rendent pas sa position politique et morale plus critique que celle de la France.

Les deux premières questions sont résolues en faveur de la France, par l'expérience des siècles et l'évidence des faits ;

Pour décider la troisième, j'ai passé en revue :

La guerre désastreuse que l'Angleterre soutient depuis 6 ans, le mécontentement général du peuple au nom duquel on fait cette guerre ;

Les violences du gouvernement, et la résistance des gouvernés ; le soulèvement de l'Irlande, et celui d'une partie des flottes ; l'énormité de la dette publique, et l'augmentation toujours croissante des impôts ;

Et j'en ai conclu qu'il n'y a pas une puissance au monde, qui renferme dans son sein plus de principes de dissolution et de ruine, et dont les besoins et les dangers soient si fort supérieurs à ses ressources et à ses moyens apparens de conservation et de salut.

A la vérité, l'Angleterre a remporté des victoires sur mer; mais que sont ces victoires à côté de celles que nous avons eues sur le continent?

Nous n'avons cessé de conquérir que par la lassitude des conquêtes; nous avons agrandi notre territoire, grossi notre population, et nos ennemis ont le plus souvent fourni à la dépense de nos armées;

L'Angleterre, au contraire, continue de prodiguer ses trésors; ses succès même achetés par de grandes pertes contribuent encore à sa ruine, et les subsides qu'elle paie à nos ennemis publics ou secrets, achèvent son épuisement.

C'est donc par une cause étrangère aux moyens réels de puissance et de richesse de chacun des deux Etats, que nous voyons l'Angleterre pourvoir avec facilité et exactitude aux besoins de ses différens services, et réaliser chaque année des paiemens effectifs qui s'élèvent à plus de 1300 millions, tandis que la France, chargée d'une dépense moindre de moitié, ne peut pas obtenir chaque année une recette de 300 millions seulement;

Cette cause, c'est le crédit dont la présence vivifie tout en Angleterre, dont l'absence anéantit en France tous les genres de valeurs.

L'Angleterre, perfide à l'extrême dans ses relations politiques avec toutes les autres puissances, professe dans son sein une fidélite inviolable pour les engagemens de l'état; son gouvernement n'a jamais perdu de vue les rapports nécessaires qui unissent la fortune de l'état avec celle des particuliers, la liaison du crédit public avec le crédit privé, et la nécessité de maintenir ce double crédit pour produire l'aisance générale; pour étendre la matière de l'impôt, et pour en rendre la perception plus facile et plus sûre.

C'est cette fidélité, c'est cette exactitude manifestées sans interruption depuis plus d'un siècle, et dans les plus grandes crises, qui forment aujourd'hui le point d'appui de cette ambitieuse puissance, et la mettent, pour le malheur du monde, à portée de signaler d'un pôle à l'autre son insolence et ses fureurs.

Sa dette publique passe dix milliards, et lui coûte 452 millions par an; et c'est précisément le service exact et régulier de ces 452 millions de rentes, c'est le service exact et régulier de tous ses autres engagemens à jour fixe et sans retard, qui assure le paiement et la rentrée des impôts énormes qu'elle perçoit, et le succès des nouveaux emprunts qu'elle est obligée de faire.

C'est parce que l'Angleterre paie bien, que la confiance des particuliers envers le gouvernement y est entière et sans réserve.

Cette confiance des particuliers envers le gouvernement, produit celle des particuliers entr'eux, parce que quand l'état pratique l'exercice de la bonne foi, en même temps qu'il en recommande le précepte, la morale publique se fortifie de son exemple, et il ne reste plus d'excuse aux contrevenans; et d'ailleurs l'aisance générale étant le résultat nécessaire de l'exactitude des paiemens du trésor public, tout le monde devient exact à son tour; et il n'y a plus de fraude là où il n'y plus de besoin.

Cet état de confiance universelle met tous les capitaux en mouvement; et j'ai déjà dit que par capitaux il faut entendre, non-seulement le numéraire qui dès-lors n'est plus caché ni retenu par la crainte, mais tous les genres de valeurs qui, dès-lors aussi, circulent par la médiation du crédit, font office du numéraire et centuplent la masse des richesses; et sur cela je m'explique encore :

Dans l'état de pleine confiance, par exemple, les matières premières destinées à la consommation des manufactures et des fabriques deviennent, pour le manufacturier auquel on les livre à crédit, un capital effectif qu'il convertit en marchandises ouvrées; et dans un ordre de choses contraire, c'est-à-dire, si faute de crédit, il avait fallu les payer comptant, il n'aurait pas pu en faire l'achat, et ses métiers seraient restés vacans, ses atteliers déserts, ses ouvriers oisifs, ses créanciers non payés, sa maison ruinée, et son imposition en non-valeur.

Dans l'état de pleine confiance le cultivateur trouvant à bas intérêts des fonds ou du crédit pour acquitter les avances qu'exige la terre, pour augmenter ses troupeaux, pour étendre ses défrichemens, comme sans inquiétude toutes ses entreprises d'amélioration, pourvoit sans peine à tous les salaires; les facilités qu'il a reçues, il les donne lui-même aux marchands qui viennent traiter avec lui de ses récoltes ; exempt de besoins, il met aux fruits de son travail un prix raisonnable ; il trouve dans ce prix l'indemnité de ses avances, la valeur des impositions qu'il a à payer, et enfin de nouveaux moyens d'aisance ou de travail. Mais, si faute de crédit et d'argent, il est obligé, au moment de la récolte, de vendre ses denrées à vil prix, il ne peut plus ni faire travailler, ni solder ses engagemens, ni payer ses impôts ; il se ruine, finit par abandonner sa charrue, et c'est encore un contribuable de moins.

Dans l'état de pleine confiance enfin, les capitaux ou, si l'on veut, les richesses circulantes se composent :

1°. De l'argent comptant qui est toujours la moindre partie ;

2°. Des fonds ou valeurs de la dette publique qui fait vraiment fonction d'argent dans les porte-feuilles, quand le crédit est tel qu'un créancier de l'état peut à toute heure convertir sa créance en espèces ;

3°. (Et c'est-là ce qui est immense). De toutes les sommes représentées dans la circulation, dans le mouvement des affaires et dans toutes les caisses, par le crédit dont font ou peuvent faire usage soit les grands établissemens de banque, soit les maisons de commerce, les marchands, les manufacturiers, et même les particuliers de toute profession et de tout état ; car alors les billets, lettres de change et autres engagemens de ces différens débiteurs, quelle qu'en soit la forme, deviennent, jusqu'à concurrence de la mesure du crédit de chacun d'eux, autant de signes de valeur dont le service est égal à celui de la monnaie effective, par ce que ces signes de valeur sont réels, qu'ils ne trompent jamais la confiance et que, graces aux bénéfices du travail et du commerce, ils finissent toujours par se résoudre en espèces.

C'est en maintenant cet état heureux de confiance universelle, que tous les bras sont employés, que tous les champs sont cultivés, que toutes les branches de commerce fleurissent, que toutes les entreprises utiles sont tentées, que tous les genres de productions sont developpés par le travail et l'industrie, que tout le monde agit, tout le monde gagne, tout le monde paie; par-tout il y a concurrence d'acheteurs et de consommateurs, par-tout le prix des propriétés s'élève, la somme des fortunes s'augmente et avec elle, le gage des impôts.

C'est parce que l'Angleterre sait maintenir cette confiance, que les 300 millions de rentes qui composent sa dette publique représentent vraiment dans son sein un capital de 5 à 6 milliards, puisque ses 3 pour cent consolidés sont au-dessus de 50; que tout le papier dont le crédit de sa banque permet l'émission, représente encore un autre capital qu'on évaluerait peut-être trop bas en le portant à 2 milliards;

Que les effets de crédit souscrits et livrés à la circulation par ses négocians, représente encore un capital dont la mesure immense n'a point de terme de comparaison;

Que toutes les propriétés s'y vendent en raison de cette

cette abondance de capitaux, ce qui double la valeur capitale de ces propriétés elles-mêmes ;

Que tous ces capitaux mis en mouvement par le travail et le commerce produisent chaque année d'immenses bénéfices dont la notoriété agit et influe encore sur la valeur de ces mêmes capitaux, et sur le crédit qui le vivifie;

Qu'enfin non-seulement on paie par an plus de 600 millions d'impôts (1), mais que ces impôts payés, il reste encore assez d'argent et de confiance pour remplir chaque année un emprunt de plus de 600 millions.

Portons à présent nos regards sur la France.

C'est en vain qu'elle est devenue libre et puissante; c'est en vain que sa population et sa richesse réelle surpassent celles de tous les autres états de l'Europe ; si le crédit n'y est pas rétabli pour nous donner toutes sortes de jouissances.

A sa place, un malheureux systême de dépréciation nous afflige depuis plusieurs années, et il n'y existe plus ni crédit public, ni crédit particulier ; le tiers de la dette publique qui, d'après la loi, ne pouvait plus recevoir la moindre atteinte, par le ~~premier~~ nou paiement des arrérages se trouve avilie et déshonorée, puisqu'elle perd 87 pour cent. Quelle idée l'étranger peut-il avoir de la France

(1) Cette somme représente, à peu de chose près, tout le numéraire des trois royaumes ; mais la circulation est si rapide, que le paiement d'impôt, n'influe en aucune manière pour arrêter les progrès de l'agriculture, de l'industrie et du commerce.

et de ses ressources, quand il voit à si vil prix nos effets publics !

Toutes les propriétés ne s'y vendent pas le tiers de leur valeur. A ce bas prix, on ne trouve pas même des acquéreurs, et l'impôt sur les mutations ne donne presqu'aucun produit.

L'argent qui, par-tout ailleurs, ne coûte que 3, 4 ou 5 pour cent d'intérêt, y coûte 25 à 30 pour cent.

Les négocians et marchands étrangers ne veulent presque rien confier aux nôtres, ou c'est à des termes trop rapprochés.

Nos propriétaires des matières premières ne veulent rien confier à nos manufacturiers, et ceux-ci à nos marchands.

Nos capitalistes ne prêtent plus à des propriétaires, à des chefs d'entreprise, à des établissemens de commerce et d'industrie ; il leur faut des gages, des termes courts et des intérêts énormes, et tellement hors de toute proportion avec le fruit du travail, qu'il est préférable de rester dans l'inaction.

Nos cultivateurs sont sans argent et sans crédit; ils sont obligés de vendre leurs grains à tout prix pour vivre et pour payer la portion la plus urgente de leurs dettes ; et tandis que le pain se paie par le consommateur à un prix qui suppose la valeur du grain, à 27 ou 30 fr. le septier, par exemple, le besoin de vendre maintient le prix du grain à 15 et 18 fr. le septier.

Parlerai-je du trésor public ?

C'est-là sur-tout, c'est à ses avenues que la méfiance et la crainte ont établi leur empire, et cela est tout simple : car lorsqu'on a la puissance de manquer impunément à ses engagemens, on repousse bien loin toutes les avances, tous les procédés de la confiance épouvantée.

Aussi, quels sont les contrats que peut faire aujourd'hui le gouvernement français, quand une fois ses plus urgens services ont épuisé le peu d'argent comptant qu'il obtient de la lente rentrée des impôts? Le ministre des finances nous l'apprend.

Ce sont des traités ruineux pour l'état, dans lesquels on fait entrer en ligne de compte le danger de n'être pas payé, des traités mal assurés, mal garantis, et qu'on se croit toujours en droit, au besoin, de ne pas exécuter, parce qu'on peut toujours s'appuyer de l'exemple du trésor public qui n'exécute pas les siens.

De-là cette affligeante pénurie qui force à dévorer chaque jour jusqu'au dernier écu des plus petites caisses particulières;

De-là cette impossibilité absolue de trouver dans un moment d'urgence, et pour 24 heures seulement, je ne dis pas des millions, mais 100 mille fr. seulement si l'état en avait besoin. Il en serait bien autrement, s'il y avait du crédit.

Après les funestes événemens qui nous sont arrivés, et qui peut-être n'auraient pas eu lieu s'il y eût eu du crédit, dira-t-on que *le crédit public est un vain mot, et qu'il est inutile?* Chaque habitant de la première nation du monde, n'est-il pas humilié de voir qu'au milieu d'abondantes récoltes, faute de crédit on ne puisse en tirer aucun parti avantageux, que nos atteliers sont dans une stagnation affligeante, et que nous ne puissions pas payer une modique somme d'impôt comparativement à ceux prélevés chez toutes les autres nations qui sont bien éloignées d'avoir nos avantages?

Ouvrons donc enfin les yeux sur l'odieux système de dépréciation que j'attaque.

Abjurons cette politique insensée qui dirige nos spéculations vers le discrédit des engagemens de l'état et refus de paiement des sommes dues.

Renonçons à ces funestes bénéfices qui se composent des frayeurs, des sacrifices et de la ruine de nos propres créanciers, de la ruine de nos concitoyens.

Renonçons à ces combinaisons meurtrières qui tendent à substituer des valeurs imaginaires à des paiemens effectifs.

Veillons à ce que les engagemens de l'état soient remplis à l'échéance avec fidélité, et à ce que les lois qui les ont une fois consacrés ne soient pas modifiées même pour des vues générales toujours fausses quand elles blessent le crédit public.

Ce n'est qu'en adoptant ces principes de justice et d'exactitude, en les mettant en pratique, en nous y attachant invariablement que nous remettrons en valeur toutes les richesses de la France aujourd'hui paralysées, et que nous parviendrons à percevoir sans contrainte, si nous en avons besoin, trois fois plus d'impôts qu'on ne nous en paie aujourd'hui.

Encore une fois, ce n'est pas la richesse, ce ne sont pas les moyens qui nous manquent; mais il nous manque le crédit nécessaire pour les développer; nous l'avons tué ce crédit par le mépris continuel de nos engagemens;

La misère, les besoins universels dans un pays tel que le nôtre, ne sont pas dans la nature des choses, et sont l'ouvrage du système dépréciateur.

Cela est si vrai, qu'avec du crédit et de la confiance, notre agriculture, notre industrie et le commerce fleuriraient, l'intérêt de l'argent serait à 3 pour cent l'an, le prix des terres serait au denier 40; les négocians, comme les cultivateurs, trouveraient tout l'argent dont ils auraient besoin, les particuliers auraient les uns dans les autres une confiance relative à la notoriété de leur richesse, de leur probité, de leur intelligence; la fortune viendrait de toutes parts au secours du travail, et cette association volontaire rendrait tous les intérêts communs.

Aujourd'hui, au contraire, par la méfiance, tout est dans l'accablement; plus d'argent, plus de crédit, tous les liens de la confiance rompus, par-tout égoïsme, frayeur et cupidité, les biens à vil prix, le commerce anéanti, les impôts mal payés, et cependant le sol est très-fertile, la population est immense, l'industrie des habitans peut être du plus grand produit, et notre richesse s'est accrue de la restitution faite à la société et au commerce de tous les biens ecclésiastiques.

Étendons notre système en Hollande où, malgré ses agitations, l'intérêt de l'argent est encore à 4 pour cent l'an, et où le crédit public et particulier ont conservé quelque faveur; et bientôt nous verrons les contribuables de la Hollande dans la même impuissance que les contribuables de la France. Enfin, ce système occasionne de si grands ravages que, par-tout où il pénétrera, par-tout où on le verra en faveur, la misère et le malheur s'y établiront avec lui ; et plût au ciel qu'au lieu d'être forcés d'exposer des millions de braves aux périls de la mer et des combats, il fût possible d'envoyer, pour six mois seulement, tous les partisans du système dépréciateur présider au sénat et dans les conseils de nos ennemis !

Leur théorie et leurs principes adoptés par l'Angleterre, seraient plus fatal à son gouvernement qu'un débarquement et une invasion de 100 mille hommes armés.

Cette puissance n'existe que par le crédit et la confiance ; jamais on n'y propose jamais on n'y adopte, une loi, un réglement capable de porter atteinte à la foi publique.

Voilà l'objet de son culte, voilà sa religion, voilà son dieu sauveur.

Allez renverser cette idole, partisans du système dépréciateur ; mettez la vôtre à sa place, et bientôt il n'y aura plus à Londres et dans les trois royaumes ni billets de banque, ni dette publique, ni valeurs, ni argent, ni emprunts, ni agriculture, ni industrie, ni commerce, ni marine, ni guerre, ni colonies ;

Il n'y aura plus que banqueroute, pauvreté, inaction, désespoir ;

L'Angleterre n'offrira plus que le spectacle d'une population inerte sur un sol peu fertile.

Je reviens à mon pays, et je m'adresserai à vous qui,

éloignés de systêmes aussi destructeurs, vous êtes chargés du soin pénible et satisfaisant de faire notre bonheur, je vous répéterai que la confiance générale est le premier garant de la richesse du trésor public et du service des impôts, en même temps que de la prospérité des individus.

Que les décrets portent donc toujours l'empreinte du respect pour la foi publique, et qu'il ne soit jamais permis de proposer au corps législatif un retour sur ses propres engagemens;

Que le gouvernement, de son côté, ne perde pas de vue qu'entre toutes les lois, dont l'exécution lui est confiée, il n'y en a pas de plus importantes que celles qui intéressent le crédit de l'état;

Que cette tendance réciproque des deux pouvoirs au maintien de la confiance ne se démente jamais, qu'elle éclate dans tous les actes de législation et d'administration;

Et il n'y aura plus d'incertitude sûr la rentrée des impositions quelles qu'elles soient;

Et on trouvera de suite de quoi faire face à tous les besoins extraordinaires;

Et en demandant beaucoup plus aux contribuables, loin d'en faire des mécontens, on acquerra des droits à leur reconnaissance.

On m'a fait quelquefois, à titre d'objection, la réponse suivante :

Avant de rétablir le crédit, il faut rétablir les finances, et on renvoie en conséquence à s'occuper du *crédit* quand les *finances* seront réparées.

Mais ceci n'est qu'une dispute de mots; et quand on

se sera expliqué, on verra que la priorité appartient au crédit, ou plutôt que *crédit* et *finances* doivent marcher en même temps et sont inséparables.

Entendons-nous d'abord sur la valeur de ces mots, *il faut rétablir les finances :* Sans doute on veut dire par-là, établir les impôts suffisans pour mettre de niveau la recette et la dépense : sur cela nous sommes d'accord ; poursuivons ;

Quand les impôts sont établis, et que le corps législatif en a autorisé la perception, veut-on qu'il soit libre à l'administration de ne s'occuper d'abord que des besoins les plus urgens, que d'une partie des services, et de remettre l'acquittement du surplus, et particulièrement celui des arrérages de la dette publique, à des époques indéfinies ?

C'est sur cela que nous ne sommes pas d'accord.

Je soutiens qu'une fois les impôts établis, en somme suffisante pour tout payer, tous les paiemens doivent marcher à la fois et sur la même ligne, et que sans cette exactitude universelle et commune à tous les genres de dépenses reconnus légitimes et déclarés tels, il n'y a plus de confiance, plus d'exactitude non plus dans le service des impôts, et que tout l'équilibre est dérangé : pénétrons-nous bien de cette vérité, et tâchons de la rendre sensible.

Le soin de rétablir les finances, comme celui de rétablir le crédit, appartient au corps législatif et au gouvernement :

Il appartient au corps législatif quant à la pensée ;

Et au gouvernement quant à l'action.

Le

Le corps législatif appelé chaque année, par la confiance publique, à régler la mesure des recettes et des dépenses de l'état, embrasse dans sa prévoyance, d'une part, les besoins de chaque service, de chaque branche d'administration; de l'autre, le produit de chaque nature d'impôts, de chaque partie des revenus publics;

Tous les articles de la dépense sont également sacrés à ses yeux;

Tous les objets de la recette sont aussi rigoureusement exigibles les uns que les autres;

Ses résolutions n'établissent aucune distinction entre les parties prenantes, aucun privilége entre les contribuables;

Tout ce qui est créancier doit recevoir; tout ce qui est débiteur doit payer.

Sans ce niveau de la loi, le plus important de tous, on chercherait inutilement l'équilibre de fait, on ferait en pure perte le calcul comparatif des charges et des revenus; il n'y aurait plus rien de certain, du moment qu'on voudrait nuancer et soumettre à l'arbitraire tout ou partie des obligations de l'état.

Cette rigueur, cette impartialité qui préside aux décrets du corps législatif, dans la fixation des recettes et des dépenses, doit présider également aux actes de l'administration, et l'exécution de la loi ne doit être, on le répète, que la pensée du législateur mise en action.

Il faut donc que le gouvernement à son tour, une fois muni du droit d'exiger de quoi faire face aux dépenses dont il est chargé, active toutes ses rentrées à la fois, ouvre tous ses paiemens ensemble, ne fasse pas plus de passe droit aux créanciers qu'il ne fait de grace aux débiteurs, et qu'il familiarise ceux-ci avec son exigeance, en accoûtumant les autres à sa fidélité.

C'est de cette application, de cette direction constante des deux pouvoirs vers l'ordre et la justice, que sort le rétablissement des *finances* et celui du *crédit* tout à la fois.

Les finances et le crédit se rétabliront à l'aspect seul des mesures prises par le corps législatif, et non éludées par l'administration, pour que toutes les parties de la dépense publique soient couvertes par les recettes;

Les finances et le crédit se rétabliront, quand nous ne nous écarterons jamais de la fidélité et de la justice;

Quand, inaccessibles à l'esprit de systême, en garde contre ces projets trompeurs qui sont presque toujours des écarts de l'imagination, nous n'écouterons plus que la voix de la simple équité, de l'infaillible droiture;

Quand la foi publique, devenue l'objet de nos hommages, sera seule présente à nos regards toutes les fois que nous parlerons finances;

Et quand enfin toute proposition qui tendrait à violer directement ou indirectement les engagemens de l'état ne sera plus, parmi nous, qu'une impiété et un blasphême.

Les finances et le crédit se rétabliront, quand le gouvernement, de son côté, fidèle à ces maximes salutaires, aura soin de faire, des fonds décrétés par le corps législatif, l'emploi sur la foi duquel ces fonds ont été accordés ; ce qui ne pourra jamais manquer d'arriver, lorsque des fonds seront faits pour tous les services.

Quand ces procédés , d'accord avec les résolutions législatives, garantiront par le fait qu'un titre sur le trésor public, revêtu des formes légales, est une créance vraiment active, et sur la rentrée de laquelle on peut compter ;

Quand les traités faits avec les ministres, au nom du gouvernement, cesseront d'être d'invalides contrats où la puissance de l'une des parties relâche et rompt les liens de son obligation.

Les finances et le crédit se rétabliront quand on renoncera pour jamais à tout honteux système de dépréciation.

C'est alors que la confiance s'établira par-tout ;

Que bientôt la morale du gouvernement deviendra celle des particuliers ; que ses principes de fidélité deviendront ceux des individus ;

Que la sécurité attachée aux contrats garantis par la bonne foi sera aussi le principal attribut de toutes les transactions particulières ;

Et qu'enfin le bon esprit, ce caractère de loyauté répandu généralement et agissant par-tout à la fois, nous rappellera tous à ces sentimens libéraux, francs et généreux sans l'existence et le développement desquels il n'y a point de crédit public, point de crédit particulier, point de commerce, point d'encouragement pour l'industrie, point de goût pour la propriété, point d'attachement à la patrie, point d'exactitude dans le service des impôts, point de moyens de les acquitter.

Mais cessons de nous égarer dans une vaine discussion de priorité des finances sur le crédit.

Ils s'établiront l'un et l'autre et marcheront sur la même ligne, quand on fera aussi marcher de front la recette et la dépense; elles s'activent, elles se fécondent l'une par l'autre, et si par hasard quelques non-valeurs imprévues venaient contrarier les mesures prises par le corps législatif, déclarons-les sur-le-champ, plutôt que de vouloir les balancer par des retards ou des non-paiemens, puisque tous les services sont de la même rigueur.

Les supplémens, les secours nouveaux ne nous manqueront pas, quand on saura par expérience, par la notoriété de notre conduite, que nous voulons être exacts à satisfaire à tous nos engagemens.

Mais en prouvant, en laissant soupçonner la volonté contraire, non-seulement nous n'obtiendrons pas ces supplémens, ces secours extraordinaires, mais encore nous serons privés des rentrées les plus faciles et les plus sûres.

Pour le salut des finances, pour l'aisance du trésor public comme pour l'aisance des contribuables, il vaudrait cent fois mieux qu'il survînt chaque année un accident extraordinaire qui exigeât une demande inattendue de 100 millions de subsides nouveaux, par exemple, que d'afficher plus long-temps une trop grande indifférence aux engagemens de l'état, et de maintenir la disgrace qui, depuis quelques années, afflige le crédit public.

« *Attendons la paix*, dit-on encore; *à la paix*, nous nous occuperons de crédit et de bonification.

Mais ce n'est pas à la paix qu'il faut s'occuper de ces objets ; c'est pendant la guerre , c'est quand on en a besoin.

On dirait, à entendre beaucoup de personnes, que le crédit est une chose accessoire de l'administration des finances, une affaire de luxe, une décoration superflue, dont il ne faut environner l'état que dans les temps de magnificence et de prospérité.

Mais songez donc, dirons-nous à ceux que nous ne pouvons guérir de la manie de cet ajournement, que le crédit est un auxiliaire, un levier puissant dont nous avons besoin, dans les momens de crise sur-tout, pour tirer nos richesses et nos valeurs de l'état d'engourdissement où les plongent, soit les malheurs de la guerre, soit les autres calamités publiques.

C'est à le faire naître ce crédit, c'est à le maintenir c'est à le développer, c'est à l'étendre, que consiste toute la science de l'administration ; c'est-là l'habileté, la bonne manœuvre;

Et cette manœuvre, ce n'est pas pour les temps calmes qu'il faut en réserver l'usage; c'est dans la tempête qu'elle est utile, c'est au sein des orages qu'elle préserve le vaisseau, fait la gloire du pilote et le salut des passagers; sans doute à la paix et quand les vents ne seront plus contraires, il sera bien aisé de gouverner; et nous aurons alors assez de crédit sans que personne prenne la peine d'y songer.

Nos dépenses réduites des trois quarts, notre commerce rendu à la vie, toutes nos communications extérieures rétablies, toutes les sources de richesse et de prospérité r'ouvertes, rendront assurément alors bien commode et bien simple l'entreprise de la restauration du crédit;

Mais c'est à présent, c'est tout-à-l'heure, qu'il est méritoire, qu'il est important, qu'il est nécessaire, qu'il est indispensable même de la tenter cette entreprise, d'en vaincre les difficultés, et de la conduire à sa fin;

C'est-là l'expédition la plus salutaire, la plus utile, la plus instante qui puisse fixer aujourd'hui l'attention du corps législatif et du gouvernement, et c'est la seule aussi qui manque à la gloire du nom français.

L'Angleterre, à laquelle j'en reviens toujours (parce qu'il faut savoir citer ses ennemis dans ce qu'ils font de bien); l'Angleterre attend-elle la paix pour s'occuper du crédit public?

La guerre qu'elle fait depuis 6 ans à l'humanité toute entière, exige chaque année des dépenses dont le volume confond la raison.

Tous les calculateurs politiques, même ceux qui avaient la plus haute opinion de ses ressources, auraient certainement décidé, il y a 6 ans, qu'il lui serait impossible de soutenir un semblable fardeau.

Et au contraire, il semble que sa magnificence pour tous les genres de dépenses propres à lui donner de l'éclat, augmente en raison de la durée même de la guerre et de la nécessité d'imposer de nouvelles charges.

Elle a dépensé l'année dernière plus de 1330 millions,

et ces 1330 millions sont payés et ne sont pas, comme chez nous, la matière d'un arriéré.

Le premier article de la composition de ces 1330 millions est celui des intérêts et annuités de la dette publique; c'est-là la dépense privilégiée, celle que l'état met au premier rang de ses obligations;

La dépense de la guerre y figure pour 40 millions de plus qu'en France, et cette dépense est payée.

Celle de la marine excède la nôtre de 225 millions, et est aussi payée.

Les secours publics coûtent à l'Angleterre 72 millions par an, et cet objet de dépense chez nous n'est porté qu'à 13 millions.

La somme des encouragemens de commerce s'élève à près de 10 millions; chez nous, cet article de dépense est de 720,000 fr. seulement.

Et puisqu'il faut achever la comparaison et résumer le tableau:

L'Angleterre doit plus de 300 millions de rentes, et en paie les arrérages à jour fixe;

La France ne doit pas plus de 60 millions de rentes en *tiers consolidé*, et n'a encore rien payé depuis deux ans;

Les fonds publics de l'Angleterre répondent par leur valeur au cours à un capital placé à moins de 6 pour cent l'an;

Les fonds publics de France répondent, par leur cours actuel, à un capital placé à 37 pour cent par an;

L'intérêt de l'argent en Angleterre, entre particuliers

et *sans gage*, est sur le pied de 4 à 5 pour cent par an;

L'intérêt de l'argent en France, entre particuliers et *sur gage*, est à 25 pour cent par an;

Et cependant la richesse territoriale de l'Angleterre n'est pas dans le rapport d'un à quatre avec celle de la France;

Sa population est près de trois fois moindre que celle de la France;

Ses dépenses réelles sont le triple de celles de la France;

Ses impôts effectifs au double de ceux de la France;

Sa dette publique au décuple de la dette actuelle de la France.

Des résultats si dissemblables peuvent-ils donc s'expliquer autrement que par le soin que l'Angleterre prend de son crédit, et par le genre de mépris, il faut l'avouer, que nous faisons du nôtre.

De l'imprimerie de Laran, rue Neuve des Petits-Champs, n° 31.

TABLEAU DE COMPARAISON

Des Revenus de la France en l'an 6, avec ceux de l'Angleterre en 1797.

FRANCE.

		francs.
Contribution foncière.		205,000,000
Contribution mobiliaire, somptuaire et personnelle.		50,000,000
Produit du droit d'enregistrement.	70,000,000	94,000,000
Id. du timbre.	16,000,000	
Id. des hypothèques.	8,000,000	
Patentes.		20,000,000
Douanes.		8,000,000
Postes et messageries.	14,000,000	26,000,000
Loteries.	12,000,000	
Droit de passe sur les routes.		20,000,000
Marque d'or et d'argent.	500,000	10,500,000
Tabac.	10,000,000	
Total des contributions en l'an 6.		435,500,000
Différence pour balance au profit de la France.		250,952,000
Somme égale.		684,452,000
L'impôt s'est donc porté, en l'an 6, à		435,500,000
Le surplus des revenus à dû consister : 1°. poudre et salpêtre	500,000	182,500,000
2°. Forêts, Salines et canaux.	50,000,000	
3°. Revenu des domaines nationaux.	20,000,000	
4°. Vente des domaines.	20,000,000	
5°. Créances sur les puissances étrangères.	10,000,000	
6°. Rescriptions bataves.	15,000,000	
7°. Dettes actives ou réserve sur les contributions de l'an 5 et années antérieures.	87,000,000	
Somme égale à celle énoncée dans la résolution du 1er. jour complémentaire an 5.		616,000,000

ANGLETERRE.

	liv. ster.	Éval. en mon. de France à 24 fr. la liv. ster.
Taxe sur les terres, les maisons et fenêtres, et pour les pauvres	5,800,000	139,200,000
Taxe sur les domestiques, les chevaux, *y compris ceux des charretiers et laboureurs*, les voitures, *y compris les charrettes*, les 10 pour cent sur quelques taxes, la permission de porter les cheveux poudrés, la taxe sur les chiens, et autres objets peu conséquens	1,050,000	25,200,000
Timbre, y compris les droits d'enregistrement	1,400,000	33,000,000
Taxes sur les boutiques	800,000	19,200,000
Douanes	5,000,000	120,000,000
Taxes accessoires, composées des postes et loteries	1,400,000	33,000,000
Droits prélevés pour la construction des routes	368,000	8,832,000
Accise	7,500,000	180,000,000
Taxe sur la drèche	750,000	18,000,000
Taxes assises, triplées, telles qu'elles sont évaluées au Budget	4,500,000	108,000,000
Total des contributions de l'an 1797		684,452,000

La somme ci-contre n'est point entrée en total au trésor public, et les 684 millions ont été payés en Angleterre. Si je fais l'aperçu du retard de la rentrée de l'impôt, je trouverai en contributions directes [illegible] un déficit de près du tiers . . . 85,000,000

Le retard de l'organisation des hypothèques a dû faire éprouver un déficit de	6,000,000
La poste aux lettres, autant que j'ai pu le pénétrer, a donné de moins	7,000,000
La loterie a dû aussi donner du moins	4,000,000
Le retard qu'a éprouvé l'organisation du droit de passe a dû occasionner un déficit de	12,000,000
Le tabac n'a pu donner aucun produit, ci	10,000,000
	114,000,000
Je dois distraire de ce déficit 2 milions qu'ont produit de plus les douanes, ci	2,000,000
Total du déficit sur le produit de l'impôt	112,000,000
Si j'ajoute à cette somme celle que nous avons imposé de moins qu'en Angleterre, ci	250,932,000
Les contribuables auront donc réellement payé de moins qu'en Angleterre	362,932,000

Nota. Il s'en faut de beaucoup que les 87 millions ci contre énoncés, provenans des contributions arriérées, soient entrés en caisse, ce qui ajoute au déficit des 112 millions, ci-dessus.

Malgré la somme de contribution payée avec exactitude par l'Angleterre, tous les habitans sont dans une honnête aisance; ce qui est la preuve la plus évidente des avantages du crédit, de l'activité de l'industrie, et de la splendeur du commerce; et chez nous, au milieu d'abondantes récoltes, nous sommes tous dans la gêne la plus extrême, nous n'acquittons pas la modique somme à laquelle nous sommes imposés, et nous nous récrions sans cesse sur l'énormité de l'impôt. D'où proviennent ces différences entre nous et l'Angleterre? Je le dirai sans cesse : du discrédit et de toutes les conséquences fâcheuses dont il sera toujours la source. Nous avons fait cependant de bien grandes choses avec le peu de recettes que nous avons effectuées; que n'aurions-nous pas pu entreprendre si, par le crédit et l'aisance qu'il nous aurait procuré, il nous eût été possible d'acquitter exactement nos contributions. Elles ne seront rien si par la confiance tous les capitaux sont mis dans la circulation; et au contraire, elles nous accableront si le discrédit continue.

TABLEAU DE COMPARAISON

Des Dépenses publiques de la France en l'an 6, avec celles de l'Angleterre en 1797.

FRANCE.

		francs.
Intérêt de la dette consolidée d'après la loi du 9 vendémiaire, sans y comprendre le remboursement des deux tiers non-consolidés qui s'opèrent par la vente des biens nationaux, ordonnée par la même loi.		60,000,000
Diverses pensions.		23,333,333
Electeurs, frais ordinaires et extraordinaires des conseils, archives et directoire exécutif.		11,102,297
Frais de justice et du ministre de ce département.		7,075,983
Dépense ordinaire de la guerre. / Extraordinaire.	95,054,000 / 246,000,000 } 341,054,000 f. réduite à	306,054,000
Dépense de la marine, y compris 35 millions d'augmentation décrétés dans le courant de l'année, et économisés sur la dépense de la guerre.		111,500,000
Dépense ordinaires des finances / Extraordinaire.	964,000 / 3,612,307 }	4,576,307
Liquidation de la dette publique ordonnancée par le ministre des finances		389,800
Relations extérieures		3,501,688
Police générale.		1,963,500
Ministère de l'intérieur, déduction faite des sommes nécessaires aux hospices, établissemens ruraux, encouragemens, prisons, commissaire du directoire exécutif, et ponts et chaussées.		6,912,000
Commissaires du directoire près les administrations		2,017,600
Hôpitaux et mendicité, non-compris leurs revenus territoriaux		13,700,000
Etablissemens ruraux, étalons, introductions d'animaux utiles, etc, etc.		522,000
Divers encouragemens pour les sciences, les arts et manufactures		720,000
Conduite, nourriture des prisonniers, réparation des maisons d'arrêt, non-compris les frais des procédures.		7,832,400
Ponts et chaussées.		26,450,000
Dépenses diverses des colonies.		7,000,000
Dépense ordinaire de la trésorerie. / Extraordinaires	2,892,575 / 1,791,624 }	4,684,199

Objets qui ne correspondent avec aucune dépense de l'Angleterre.

Articles	francs.
Comptabilité nationale	675,000
Dépenses imprévues.	15,989,893
Total des dépenses d'après la loi du 22 frimaire, an 6.	616,000,000
Différence pour balance au profit de la France	707,097,522
Somme égale	1,323,097,522

ANGLETERRE.

		liv. ster.	Évaluation en mon. de France 24 fr. la liv. st.
Intérêt de la dette publique fondée, sommes employées à sa réduction, intérêt de l'emprunt impérial, concession ordinaire pour réduction de la dette et intérêt des billets de l'Echiquier.		18,868,352	452,840,448
Pensions parlementaires, pensions sur le revenu héréditaire, pensions aux veuves, secours à la reine de Portugal, au clergé et laïques souffrans de France.		400,964	9,653,136
Salaires parlementaires, impression du journal de la chambre des communes, liste civile.		931,965	22,377,208
Cours de justice		15,000	360,000
Dépense ordinaire de la guerre / Extraordinaire	8,850,967 / 5,388,435 }	14,239,402	341,745,648
Vaisseaux, chantiers, matelots, gens de mer, vivres, malades et blessés, transports, prisonniers de guerre		14,065,958	337,582,992
Salaire et dépense des commissaires pour réduire la dette.		1,563	37,512
Service étranger et secret		188,222	4,517,328
Surveillance des étrangers		2,866	68,784
Paiement des divers officiers publics		48,634	1,117,216
Taxe pour les pauvres, qui leur est distribuée		3,000,000	72,000,000
Bureau d'agriculture, collège vétérinaire		4,500	118,000
Primes et gratifications aux pêcheries, manufactures, etc.		393,019	9,432,356
Procédures criminelles, condamnés et prisons.		44,353	1,064,472
Ponts et chaussées des trois royaumes, que je porterai par aperçu, au tiers de notre dépense, quoique en Angleterre le droit d'entretien soit plus élevé qu'en France		368,000	8,832,000
Etablissement civil des colonies, ports en Afrique, dépenses de l'établissement de la Nouvelle-Galle du Sud paiement conformément au traité américain et gouvernement civil de l'Ecosse.		240,076	5,761,824
Taxation de l'Echiquier		85,050	2,041,200

Objets qui ne correspondent avec aucune dépense de France.

Articles	liv. ster.	Évaluation en mon. de France
Monnoies	15,000	360,000
Remise à l'Irlande.	1,454,059	34,897,416
Avance à l'emprunt, par voie d'emprunt	700,000	16,800,000
Partie du mariage de la princesse royale	80,000	1,920,000
Total des dépenses de l'Angleterre en 1797.		1,323,097,522

Chaque article de ce tableau seroit susceptible de beaucoup de développement, mais il en est un qui frappe tellement l'attention du lecteur, que nous ne saurions le passer sous silence. C'est celui des deux trésoreries. L'administration de l'Echiquier n'a coûté que 2,041,200 fr.; et distraction faite de 72 millions pour les pauvres et de 8,832,000 fr. pour les routes qu'elle ne perçoit pas; elle aura fait un mouvement de 1,845,865,522 fr. La trésorerie nationale, en supposant qu'elle aie reçu et dépensé toutes les sommes décrétées, n'aura fait un mouvement que de 1,232,000,000 fr., à laquelle somme il convient d'ajouter celle qu'elle aura pu recevoir pour la vente des domaines nationaux, et elle nous aura coûté l'année dernière 4,684,199 fr. c'est-à-dire 2,642,999 fr. de plus qu'en Angleterre; sa dépense présumée pour cette année, est de 6,042,392 fr. D'après ces rapprochemens sensibles, ne sommes-nous pas fondés à dire que la dépense de la trésorerie nationale doit être extrême, et qu'on pourroit faire de grandes économies sur la dépense de cette partie de l'administration, en en simplifiant les formes.

www.ingramcontent.com/pod-product-compliance
Ingram Content Group UK Ltd.
Pitfield, Milton Keynes, MK11 3LW, UK
UKHW032019260826
14628UKWH00006B/2582

9 782013 384735